Душанов законик

1. О хришћанству:

Најпре за хришћанство. Овим начином да се очисти хришћанство.

2. О женидби:

Властела и други људи да се не жене без благослова од свога архијереја, или да се благослове од оних које су архијереји поставили, изабравши их за духовнике.

3. О свадби:

Ниједна свадба да се не учини без венчања, а ако се учини без благослова и упита цркве, такови да се разлуче.

4. О духовној дужности:

И за духовну дужност нека се сваки човек покорава своме архијереју и нека га слуша. Аколи се ко нађе сагрешивши цркви или преступивши што било од овога Законика, хотимице или нехотице, нека се покори и исправи цркви, а аколи се оглуши и уздржи од цркве и не усхтедне испунити црквена наређења, тада да се одлучи од цркве.

5. О проклињању хришћана:

И епископи да не проклињу хришћане за духовни грех; нека пошаље двапут и трипут ономе да га изобличи, а ако не послуша и не усхтедне се поправити духовном заповешћу, потом да се одлучи.

6. О јереси латинској:

И за јерес латинску, што су обратили хришћане у азимство1) да се врате опет у хришћариство, ако се нађе ко пречувши и не повративши се у хришћанство, да се казни како пише у закону светих отаца.

1)Значење овог израза као и неких других видети у Белешци у додатку текста овог Закона.

7. О јереси латинској:

И да постави Велика црква протопопе по свима градовима и трговима, да поврате хришћане од јереси латинске, који су се обратили у веру латинску, и да им даде заповест духовну и да се врати сваки у хришћанство.

8. О латинском попу:

И поп латински ако се нађе, обративши хришћанина у веру латинску, да се казни по закону светих отаца.

9. О полуверцима:

И ако се нађе полуверац, који је узео хришћанку, ако усхте, да се крсти у хришћанство, а ако се не крсти, да му се узме жена и деца и да им се даде део од куће, а он да се изагна.

10. О јеретику:

И ко се нађе ко јеретик, живећи међу хришћанима,

да се ожеже по образу и да се изагна, а ко би га тајио, и тај да се ужеже.

11. О духовницима:

И епископи да поставе духовнике по свима парохијама, и градовима, и селима. И ти духовници да су они који су примили благослов на духовништво од својих архијереја, везати и решити, и да их свако слуша по црквеноме закону, а они духовници, које нису поставили за духовнике, да се изагнају и да их казни црква по закону.

12. О суду:

И у духовном предмету световњаци да не суде, ко ли се нађе од световњака да је судио у духовном предмету, да плати триста перпера; само црква да суди.

13. О епископима:

И митрополити, и епископи, и игумани да се не постављају митом. И ко се нађе да је митом поставио митрополита, или епископа, или игумана, да је проклет и онај који га је поставио.

14. О игуманима и калуђерима:

Игумани да се не збацују без учешћа цркве. Као игумани по манастирима да се поставе добри људи, који ће дом божији подизати.

15. О киновијском животу:

Игумани да живе по киновијама, по закону, договарајући се са старцима.

16. О монашком животу:

И на тисућу кућа да се храни у манастирима педесет калуђера.

17. О калуђерима:

И калуђери и калуђерице, који се пострижу, а живе по својим кућама, да се изагнају и да живе по манастирима.

18. О монашком постригу:

И калуђери, који су се постригли као земљаци из области те цркве, да не живе у тој цркви, него да иду у друге манастире; да им се даје храна.

19. О збацивању раса:

И калуђер који збаци расе, да се држи у тамници, док се опет не врати у послушност, и да се казни.

20. О врачарима, који тела мртвих спаљују:

И људи, који врачбинама узимају из гробова, те их спаљују, то село, које то учини, да плати вражду. а ако буде поп на то дошао, да му се узме поповство.

21. О продавању хришћана:

И ко прода хришћанина у иноверну веру, да му се рука отсече и језик одреже.

22. О црквеним људима:

Властеоски људи, који седе по црквеним селима и по катунима, да пође сваки своме господару.

23. О црквеном спровођењу:

Црквама да нема спровођења (поноса), осим када иде куда цар, тада га прате.

24.

И ако се нађе црквени управник, који је узео мито, да се уништи.

25. О управљању црквама:

Црквама да управља господин цар, и патријарх и логатет, а други нико.

26. О ослобођењу цркава:

Цркве све што се налазе у земљи царства ми, ослободи царство ми од свих работа, малих и великих.

27.

И цркве царске да се не подлажу под цркве велике.

28. О храни убозима:

И по свима црквама да се хране убоги, како је уписано од ктитора, а ко их од митрополита, или од епископа, или од игумана не усхрани, да се одлучи од сана.

29. О калуђерском животу:

И калуђери да не живе изван манастира.

30. О чупању црквенога човека:

И отсад да ниједна власт не почупа калуђера или човека црквенога, и ко преступи ово за живота и по смрти царства ми, да није благословен; ако је ко што коме крив, да га тера судом и парницом, по закону, ако ли га почупа без суда, или кога удари да плати седмоструко.

31. О поповима:

И попови баштиници да држе своју баштинску земљу и да су слободни, а остали попови, који немају баштине, да им се даду три њиве по закону, и да је капа поповска слободна, аколи више узме од те земље, да работа црквама по закону.

32. О људима црквеним:

Људи црквени, који држе црквена села и земље црквене, а прогнали су меропхе црквене или влахе, они који су разагнали људе, да се вежу, и да им се узме земља и људи, и да их држи црква, докле скупе људе које су разагнали.

33. О суду људи црквених:

Црквени Ијуди у свакој парници да се суде пред својим митрополитима, и пред епископима и игуманима, и која су оба човека једне цркве, да се суде пред својом црквом, а аколи буду парничари двеју цркава, да им суде обе цркве.

34. О селу меропашком:

И што су села меропшине царства ми по Загорју и иначе, црквени људи да не иду у меропшине, ни на сено, ни на орање, ни на винограде, ни на једну работу, ни на малу, ни на велику; од свих работа ослободи их царство ми, нека работају само цркви; ко ли се нађе да изагна метохију на меропшину, и оглуши се о закон царства ми, томе власнику да се све одузме и да се казни.

35. О управљању црквама:

И предаде царство ми игуманима цркве да управљају свом кућом, и кобилама, и коњима, и овцама, и свим осталим, у свему да су слободни, што је прилично, упутно и правично; и како пише хрисовуљ светих ктитора.

36. О црквеном закону:

И да поставе по црквама закон општежитијски калуђерима у манастирима, према томе какав је који манастир.

37. О митрополитском упућивању:

И ексарси световњаци да не буду, да их не шаљу митрополити по поповима, ни да воде митрополитске коње по поповима, него да шаљу митрополити по два калуђера по поповима, да духовно упућују и да орквени доходак узимају од попова, какав је од баштине.

38. О исхрани коња:

И отсад и унапред ждрепци и коњи царства ми да

се не дају црквама, ни црквеним селима на храну.

39. О властели и властеличићима:

Властела и властеличићи, који се налазе у држави царства ми, Србљи и Грци, што је коме дало царство ми у баштину и у хрисовуљи, и што држе до овога сабора, баштине да су сигурне.

40. О хрисовуљима:

И сви хрисовуљи и простагме, што је кому учинило царство ми, и што ће кому учинити, и те баштине да су сигурне, као и ранијих правоверних царева, да су слободни с њима, или под цркву дати, или за душу оставити, или продати кому било.

41. О умрлој властели:

Који властелин узима децу, или опет и не узима децу, те умре, и по његовој смрти баштина пуста остане, где се нађе од његова рода до трећега братучеда, тај да има његову баштину.

42. О баштини слободној:

И баштине све да су слободне од свих работа и данака царства ми, осим да дају соће и војску да војују по закону.

43. О насиљу над баштином:

И да није властан господин цар, или краљ, или госпођа царица икоме узети баштину силом, или купити, или заменити, осим ако ко сам пристане.

44. О властеоским робовима:

И робове, што имају властела, да су им у баштину, и њихова деца у баштину вечну, но роб у прђију да се не даје никада.

45. О баштини слободној:

И властела и други људи, који имају баштинске цркве у својим баштинама, да није властан господин цар, ни патријарх, ни други епископ подложити те цркве под Велику цркву, осим да је властан баштиник да постави свога калуђера и да га доведе епископу да га благослови епископ, у чијој буде нурији, и да управља епископ у тој цркви духовним послом.

46. О робовима:

И досад робове, што имају властела, да су им у баштину, само што ће властелин опростити, или жена му, или његов син, то да је слободно, а ништа друго.

47. О цркви:

И властелин који се нађе подложивси своју цркву под другу цркву, над том црквом већ да нема власти.

48. О умрлим властелима:

Када умре властелин, коњ добри и оружје да се даје цару, а свиту велику и бисерни појас да има његов син, и да му цар не узме, аколи не узима сина, него има кћер, да је с тим власна кћи, или продати, или дати слободно.

49. О крајишнику властелину:

Властела крајишници, која војска отуда дође и плени земљу цареву, те прође опет кроз њихову земљу, та властела све да плате кроз којих је област прошла.

50. О псовци:

Властелин, који опсује и осрамоти властеличића, да плати сто перпера, и властелићић, ако опсује властелина, да плати сто перпера и да се бије штаповима.

51. О предавању сина у двор:

И ко преда сина или брата у двор, и запита га цар, веровати ли ћу га, и рекне, веруј колико и мени, ако које зло учини, да плати онај који га је предао; ако тај који има дворити, како дворе у палати царевој, што сагреси, да плати сам.

52. О невери:

За неверу, за сваку кривицу, брат за брата, и отац за сина, рођак за рођака; који су одељени у својим кућама од онога који није скривио, ти да не плате ништа, осим онога који је скривио, његова и кућа да плати.

53. О насиљу:

Ако који властелин узме властелинку силом, да му се обе руке отсеку и нос сареже; ако ли себар узме илом властелинку, да се обеси, аколи своју другу узме силом, да му се обе руке отсеку и нос сареже.

54. О блуду властелинке:

Ако властелинка учини блуд са својим човеком, да им се обома руке отсеку и нос сареже.

55. О псовању властеоском:

И ако властелин, или властеличић, опсује себра, да плати сто перпера; ако ли себар опсује властелина, или властеличића, да плати сто перпера и да се осмуди.

56. О позиву властеоском:

Властелин на вечер да се не позива, осим да се позива пре обеда, да му се раније саопшти, и ако буде позван пре обеда с приставом, и не дође до обеда, да је крив, и властелину казна због престоја шест волова.

57. О злоби:

Који властелин на приселици из злобе које зло учини: земљи пленом, или куће попали, или које било зло учини, да му се та област узме и друга не да.

58. О смрти властеле:

Који властелин умре, а има једно село у жупи, или међу жупама, што се зла учини томе селу паљевином, или чим било, томе селу сву ту злобу да плати околина.

59. О пронији:

Пронију да није властан нико ни продати, ни

купити, ко нема баштине; од пронијарске земље да није властан нико подложити под цркву; аколи подложи да не важи.

60. О цару:

Цара свако да спроводи, куда било да иде, град до жупе, и жупа до жупе, и опет жупа до града.

61. О повратку војске:

Кад дође властелин с војске кући, или који било војник, ако га ко позове на суд, да остане код куће три недеље, потом да иде на суд.

62. О позиву властеоском:

Властели велики да се позивају с писмом судијиним, а остали с печатом.

63. О кефалијама:

Кефалије, што су у градовима, да узимају доходак по закону, и да им се продаје жита, и вина, и меса за динар што другому за два, но грађанин то да му продаје, а други нико.

64. О сиротама:

Сирота кудељница да је слободна како и поп.

65. О попу:

Поп, који нема свога стаса, да му се даду три њиве по закону. Поп који год, од свога господара никамо да не одлази, аколи га господар не усхрани по закону, да дође свом архијереју, и архијереј да рекне ономе властелину, да храни попа по закону, а ако онај господар не послуша, да је поп слободан, куда му је воља; ако буде поп баштиник, да га није властан, одагнати, само да је слободан.

66. О судском одговарању:

Братанци, који су заједно у једној кући, када их ко позове код куће, који дође од њих, тај да одговара; аколи га нађе на двору цареву или судијину, да дође и рекне, даћу брата старијега на суд, да га даде, и не сме се присилити да одговара.

67. О робовима и меропсима:

Робови и меропси, који седе заједно у једном селу, свака плаћа, која долази, да плаћају сви заједно; по људима, како плаћу плаћају и работу работају, тако и земљу да држе.

68. О закону;

Меропсима закон по свој земљи: У недељи да работају два дана пронијару, и да му даје у години перперу цареву, и заманицом да му коси сена дан један, и виноград дан један, а ко нема винограда, а они да му работају друге работе дан један, и што уработа меропах, то све да држи, а друго ништа, против закона, да му се не узме.

69. О сабору себрова:

Збора себрова да не буде, а ако се нађе ко као саборник, да му се уши отсеку, и да се осмуде покретачи.

70. Који су у једној кући:

И ко се нађе у једној кући, или братанци, или отац (са) синовима, или ко други, одељен хлебом и има-њем, и ако буду на једном огњишту, а оним одељени, да работају као и други људи.

71. О братској злоби:

И ко зло учини, брат или син, или сродник, који су у једној кући, све да плати господар кће, или да даде ко је зло учинио.

72. О невољном:

И ко невољан дође на двор царев, да се свакоме учини правда, осим роба властеоскога.

73. О сироти:

Сирота која није кадра парничити се или одговарати, да даде заступника, који ће за њу одговарати.

74. О паши:

Село са селом да пасе, куда једно село, туда и друго, осим законитих забела; и ливаду да не пасе нико.

75. О жупи и о попаши:

Жупа жупи да не пасе марвом ништа, а ако се нађе једно село у оној жупи у кога било властелина, или царства ми, или црквено село, или властеличића, ономе селу нико да не забрани пасти, да пасе куда и жупа.

76. За попашу:

А ко попасе жито, или виноград, или ливаду, грешком, ту попашу да плати што рекну душевници који процењују, аколи намерно попасе, да плати попашу и шест волова.

77. За потку:

Потка међу селима педесет перпера, а Власима и Арбанасима сто перпера, и те потке цару половина а господару половина чије буде село.

78. О земљи црквеној:

О земљи и о људима црквеним, што имају о њима суд црквени, ако ко изнесе милосно писмо или рекне милосника имам у том писму, и до тога милосника ништа да се не држи, само да се суди по закону царства ми, но увек да запитају царство ми.

79. О међи и о земљи:

А за међе земље, што се памиче села међу собом, да тражи (по закону) од Светога краља, када је умро; ако ко да милост цареву и рекне, дао ми је господин цар, како је држао мој друг пре мене, ако је милост царева, да буде тако, и да држи, осим црквенога.

80. О међи сеоској:

За међе сеоске, да обоје, који траже, даду сведоке, он половину, а он половину, по закону; куда рекну сведоци, његово да је.

81. О планинама:

Планине што су по земљи царства ми, што су планине цареве, да су цару, а црквене црквама, а властеоске властелима.

82. О власима и арбанасима:

Где престоји Влах или Арбанасин на селу, на томе селу да не стане други, за њим идући, аколи силом стане, да плати потку и што је попасао.

83. О милосним писмима:

Где се изнесу два писма царева за једну ипотес, за земљу, ко сада држи, до овога доба саборнога, његова да је, а милост да се не измени.

84. О котлу:

Суда да нема за котао, нити икаква оправдања, ко се оправдао да не даје судијама оправдања; на суду да нема руке ни оправдавања, ни удаве, само да се суде по закону.

85. О бабунској речи:

И ко рекне бабунску реч, ако буде властелин, да плати сто перпера, аколи буде себар да плати дванаест перпера и да се бије штаповима.

86. О убиству:

Где се нађе убиство, онај који буде изазвао, да је крив, ако се и убије.

87. О хотимичном убиству:

Ко није дошао хотимице, силом, те је учинио убиство, да плати триста перпера, ако ли је дошао хотимице да му се обе руке отсеку.

88. О властеоској парници:

Када се парниче властела, ко у чем изгуби, да даје јемце.

89. О позивању кривца:

Ко позове кривца пред судије, и позвавши не дође на суд, него седи дома, онај који је позван, ако дође на рок пред судије и отстоји по закону, тај да је слободан од те кривице за коју је био позван, јер онај позивач седи дома.

90. О залогу:

Залози где се нађу, да се откупљују.

91. О приставу:

Када се парниче два, ако рекне један од њих, имам пристава овде на двору цареву, или на судијину, да га даде, када га потражи и не нађе онде на двору, тај час да дође на суд и рекне, не нађох пристава, ако је за обед, да му је рок за вечеру, ако је за вечеру, да га даде сутра до обеда, ако га буде послао цар или судије на работу, да није онај крив који га даје, да се постави рок, док онај пристав дође, да га даде пред судије.

92. О препознавању лица:

Ако ко препозна лице под човеком, а буде у гори, у пустоши, да га поведе у најближе село и преда селу, и позове да га даду пред судије, аколи га не да село пред судије, што суд одреди, да плати то село.

93. О провођењу дружинског човека:

Ко проведе дружинскога човека у туђу земљу, да даде седам.

94. О убиству:

Ако убије властелин себра у граду, или у жупи, или у катуну, да плати тисућу перпера, аколи себар властелина убије, да му се обе руке отсеку и да плати триста перпера.

95. О псовци:

Ко опсује епископа, или калуђера, или попа, да плати сто перпера. Ко се нађе да је убио епископа, или калуђера, или попа, тај да се убије и обеси.

96. О убиству:

Ко се нађе да је убио оца, или матер, или брата, или чедо своје, да се тај убица сажеже на огњу.

97. О бради властеоској:

Ко се нађе да је почупао браду властелину, или добру човеку, да се томе обе руке отсеку.

98. О чупању себара:

И ако се почупају два себра, да је мехоскубина шест перпера.

99. О запаљивању:

Ко се нађе да је ужегао кућу, или гумно, или сламу, или сено, да то село да запаљивача, аколи га не да, да плати оно село што би запаљивач платио.

100. О запаљивачима гумна:

Аколи ко ужеже изван села гумно, или сено, да плати околма, или да даде запаљивача.

101. О најезди:

Силе да није никоме ни за једну ствар у земљи царској; аколи кога снађе најезда, или сила разметљива, они коњи најездни сви да се узму, половина цару, а половина ономе на кога су најахали, и људи најахалци да приме казну како пише у законику светих отаца, у световним члановима, да се муче као и намерни убица.

102. О подјемчивању:

Подјемчивања да нема никоме, низашта, никаква, ко ли се подјемчи за што, да плати седмоструко.

103. О суду ропском:

И који су робови, да се суде пред својим господарима, како им је воља за своје кривице, а за цареве да иду пред судије, за крв, за вражду, за лопове, за разбојника, за пријем људи.

104. О позивању:

И да пристав не додијава жени, када није муж код куће, нити да се позива жена без мужа, но да жена даде мужу глас, да иде на суд; у томе муж да није крив, док му се не даде глас.

105. О писмима царевим:

Писма царева која се доносе пред судије за што било, а побија их законик царства ми, што сам написао које било писмо, она писма, која побије суд, та писма да узму судије и да их донесу пред царство ми.

106. О дворанима:

Дворани властеоски, ако учини које зло ко од њих, ко буде пронијаревић, да га оправда очина дружина поротом, ако ли је себар да захвати у котао.

107. За одбој:

Ко се нађе да је одбио судијина сокалника, или пристава, да се оплени и да му се узме све што има.

108. О издави:

И о издави овако да буде: Издава од земље приставу три перпера, од села три перпера, од млина три перпера, од жупе — од свакога села — три перпера, од града коњ и свита, од винограда три перпера, од коња перпер, од кобиле шест динара, од говечета четири динара, од брава два динара.

109. О отровима:

Мађионичар и отровник, који се нађе на делу, да се казни по закону светих отаца.

110. О судијама:

Судије куда иду по земљи царевој и својој области, да није властан узети оброка силом, ни што било друго, осим поклона, што му ко поклони од своје воље.

111. О судијиној срамоти:

Ко се нађе да је осрамотио судију, ако буде властелин, да му се све узме, аколи село, да се распе и оплени.

112. О сужњима:

Који човек утече из сужањства, чим дође на двор царев, био царев човек, или црквени, или властеоски, тим да је слободан; ако је понео што човеку коме је утекао, то да је ономе од кога је утекао.

113. О сужњу:

Који се сужањ држи у двору царства ми, те утече на двор патријарашки, да је слободан, и такођер на двор царев да је слободан.

114. О јемству:

Људи који се враћају из туђе земље у земљу царства ми, ко буде побегао од јемства; они јемци који су тога човека, ништа да не плаћају.

115. О бегству:

И које чијега човека примио из туђе земље, а он је побегао од свога господара, од суда, ако даде милостно писмо царево, да се не оспори, ако ли не даде милости, да му се врати.

116. О налазачу:

Ко што нађе у царевој земљи, да не узме, те да не рекне, вратићу, ако ко позна, ако ли прихвати, или узме, да плати као тат или разбојник, а што нађе у туђој земљи, на војсци, да носи пред цара и војводу.

117. О прелажењу:

Што је кому прешло у цареву земљу, или из града, или из жупе, што је до преузимања господина цара, док није било царево, него је било другога господара, од тога времена, био човек или друго право, да се не тражи, ако је прешло после преузимања господина цара, то да се не тражи; то јест, када је био сукоб, а није била земља и градови цареви.

118. О тргу:

Трговци који иду по царевој земљи, да није властан никоји властелин, ни који било човек силом им сметати, или шчепати робу, а новац му силом наметнути; ко ли се нађе да је силом растоварио или растурио да плати петсто перпера.

119. О трговцима:

Трговци и мале и велике потребне робе скрлата да иду без сметње по земљи царевој, да продају и купују, како кому трг доноси.

120. О цариницима:

Цариник царев да није властан сметати или задржати трговце, да му коју робу прода у бесцење; слободно да пролази сваки по свима трговима и по вољи да се креће са својом робом.

121.

Да није властан властелин ни мали ни велики, ни који било други, задржати или спречити своје људе или друге трговце, да не иду на тргове цареве, но да иде сваки слободно.

122. О трговцима:

Ако ли властелин задржи трговца, да плати триста перпера, ако ли га цариник задржи да плати триста перпера.

123. О Сасима:

О трговима; што су куда посекли Саси горе до овога сабора, ту земљу нека имају; ако су кому властелину без права узели земљу, да се суде с њима властела по закону Светога краља, а отсада унапред Сасин да не сече, а што посече, оно да не обрадује и људе да не смешта, само да стоји пуста, да расте гора; нико да не забрани Сасину горе, колико треба тргу толико да сече.

124. О хрисовуљима:

Градови грчки, које је заузео господин цар, што им је записао хрисовуље и простагме, што имају и држе до овога сабора то да држе, да им је сигурно и да им се не узме ништа.

125. О приселици градовима:

Градовима да нема приселице, осим ко иде да долази стањанину, или мали или велики, да иде стањанину, да му преда коња и све стање, да сачува стањанин са свим, и када пође онај гост, да му преда стањанин све што буде примио, аколи му буде што нестало, све да му плати,

126. О градској земљи:

Градска земља, што је около града, што се на њој отме или украде, да плати све то околина.

127. О зидању града:

За зидање града, где се град обори, или кула, да га направе грађани тога града и жупа што је тога (града).

128. О помоћи царској:

Господин цар, када има сина женити, или крштење, и буде му на потребу двор чинити и куће, да помаже мали и велики.

129. О области војводама:

На војсци, на свакој, да обладају војводе колико и цар, што рекну, да се послуша, аколи их ко не послуша у чему, да је тима казна која и онима који цара не би послушали; и судови мали и велики, који су на војсци, да им суде војводе, а други нико.

130. О цркви:

Цркву ко обори на војсци, да се убије или обеси.

131. О свађи:

На војсци свађе да није, аколи се два сваде, да се бију, а други нико од војника да им не помогне; аколи ко потече и помогне изазивачу, они да се убију.

132. О куповању:

Што ко купи од плена из туђе земље, што буде плењено, по царевој земљи да је слободно купити од тога плена колико и у туђој земљи, аколи га ко обеди говорећи, оно је моје, да га оправда порота по
закону, јер је купио у туђој земљи, а није му ни лопов ни провоција, ни саучесник, тако да држи како своје.

133. О поклисару:

Поклисар, што иде из туђе земље цару, или од господина цара своме господину, где било дође у чије село, да му се чини част, да му је свега довољно, но да обедује или вечера, па да иде напред, у друга села.

134. О баштини:

И што записује господин цар баштине, кому запише село, даје логотету тридесет перпера за хрисовуљ, а кому жупу, од свакога села по тридесет перпера, а ђаку за писање шест перпера.

135. О војсци:

Војска која иде по земљи царевој, где падне у коме селу, друга по њој идућа да не падне у томе селу.

136.

Књига царства ми да се не пречује где дође, или госпођи царици, или краљу, или властелима великим и малим,

и свакоме човеку, нико да не пречује шта пише писмо царства ми, аколи буде таково писмо, да не може онај извршити, или нема да даде, тај час да иде опет с писмом царству ми, да јави царству ми.

137. О хрисовуљима:

Хрисовуљи царства ми, што су учињени градовима царства ми, што им пише, да им није властан оспорити ни господин цар, ни ико други, да су хрисовуљи сигурни.

138. О лажном писању:

Ако се нађе у чијем хрисовуљу слово лажно преписано, нађу се слова исправљана и речи преудешене на друго, што није заповедило царство ми, ти хрисовуљи да се раздеру, а онај више да нема баштине.

139. О меропсима:

Меропсима у земљи царства ми, да није властан ниједан господар ишта против закона, осим што је царство ми записало у законику, то да му работа и даје, Аколи му учини што незаконито, заповеда царство ми, да је властан сваки меропах парничити се са својим господарем, или с царством ми, или с госпођом царицом, или с црквом, или с властелом царства ми, или с ким било, да га није властан ко задржати од суда царства ми, осим да му судије суде по правди, и ако меропах добије парницу против господара, да му заједмчи судија царства ми, како да плати господар меропху све на рок, и потом да није властан онај господар учинити зло меропху.

140. О примању туђега човека:

Заповест царска: Нико ничијега човека да не прима, ни цар, ни царица, ни црква, ни властелин, ни други који било човек да не прима ничијега човека без писма царева; такав да се казни, ко био, као и издајник.

141. О тргу:

Такођер и тргови и кнезови, и по градовима, чијега човека приме, истим начином да се казне и издаду.

142. О властелима који затиру имање:

Властелима и властеличићима, којим је дало царство ми земљу и градове, ако је ко од њих нађен, да је опленио села или људе и затро против закона царства ми, што је царство ми узаконило на сабору, да му се узме имање, а онај што буде сатро да све плати од своје куће, а да се казни као пребеглица.

143. О разбојницима:

И ако се нађе разбојник, који прође кроз област крајишника и пљачка где год и опет се врати с пленом, да плаћа крајишник седмоструко.

144. О бегунцима:

Ако се нађе властелин или властеличић бегунац, и други ко било царства ми, те устану на грабљење околна села и жупа на његову кућу и на његову стоку, што буде оставио, они који то учине да се казне као издајници царства ми.

145. О лоповима и разбојницима:

Заповеда царство ми: По свима земљама, и по градовима, и по жупама и по крајиштима лопова и разбојника да није ни у чијем пределу. И овим начином да се укине крађа и разбојништво: У којем се селу нађе лопов или разбојник, то село да се распе, а разбојник да се стрмоглав обеси, а лопов да се ослепи, а господар села тога да се доведе свезан царству ми, да плаћа све што је учинио разбојник или лопов од почетка, и опет да се казни као лопов и разбојник.

146. О владалцима:

Такођер и кнезови, и примићури, и владалци, и претстојници, и челници, који се налазе управљајући селима и катунима, ти сви да се казне вишеписаним начином, ако се нађе код њих лопов или разбојник.

147. О владалцима:

Ако су владалци известили господаре, а господари се направили као да не знају, да се ти господари казне као разбојник и лопов.

148. О судијама:

Судије које царство ми постави по земљама да суде, ако пишу за што било, за разбојника и лопове, или за које било судско решење, те пренебрегне писмо судије царства ми, или црква, или властелин, или који било човек, ти сви да се осуде као непослушници царства ми.

149. О разбојнику и лопову:

Овим начином да се казни лопов и разбојник доказани. И оваково је доказивање: Ако се само лице (цорпус делицти) ухвати у њих, или ако их ухвате у разбојништву или крађи, или их преда жупа или села, или господари, или властела, који су над њима, како је више уписано, ти разбојници и лопови да се не помилују, него да се ослепе и обесе.

150. О лопову;

И ако ко потера судом разбојника и лопова, а не буде доказа, да им је оправдање железо, што је одредило царство ми, да га узимају на вратима црквеним из огња, и да га постави на светој трпези.

151. О пороти:

Заповеда царство ми: Отсада унапред да је порота и за много и за мало: за велико дело да су двадесет и четири поротника, а за помању кривицу дванаест, а за мало дело шест поротника. И ти поротници да нису власни никога измирити, осим да оправдају или опет да окриве. И да је свака порота у цркви, и поп у одеждама да их закуне, и у пороти камо се већина куну, и кога већина оправда, тима да се верује.

152. О закону:

Како је био закон у деда царства ми, Светога краља, да су великој властели велика властела поротници, а средњим људима према њиховој дружини, а себрдијама њихова дружина да су поротници; и да није у пороти ни сродника, ни злобника.

153. Закон:

Иноверцима и трговцима поротници половина Србаља, а половина њихове дружине, по закону Светог краља.

154. Закон:

Који се поротници закуну, и оправдају онога по закону, и ако се по томе оправдању нађе баш сам предмет (цорпус делицти) у онога оправданога, кога су оправдали поротници, да узме царство ми од тих поротника вражду, по тисућу перпера, и више по том да се тима поротницима не верује, ни да се ко за њихове удаје, ни да се од њих жени.

155. О приселици:

Отселе унапред приселице да нема, нити икакве пратње, осим ако се случи великог властелина стегоноше у жупи, или помањег властелина, који само држи државу на себи, и немају никакве заједнице међу собом и међу својом државом, ти да плаћају.

156. О приселици:

На земљи царства ми, и, рекавши, на меропшинама,

да не узимају властела приселице, ни ину коју плаћају, осим да плаћају од свога.

157. О чувању путова:

Где се налазе жупе смесне, села црквена и царева, и властеоска, и буду смесна села, и не буде над том жупом једнога господара, него ако буду кефалије и судије цареви, које је поставио цар, да поставе страже по свима путовима, и кефалијама да предаду путове, и да их чувају са стражама, и да, ако се ко опљачка или покраде, или се које зло учини, тај час иду кефалијама, да им плаћају од свога, а кефалије страже да траже и разбојнике и лопове.

158. О стражама;

Ако је пусто брдо међу жупама, села околна, која су око тога брда, да чувају стражу, аколи не ушчувају стражу, што се учини у том брду, у пустоши штета или разбојниство, или крађа или које зло, да плаћају околна села, којима је речено чувати пут.

159. О трговцима:

Купци, који пролазе ноћу, на ноћиште где дођу, ако их не припусти владалац или господар села тога, да преноће у селу купци, по закону цареву, како је у законику, ако што изгуби путник, онај господар, и владалац и село све да плате, јер их нису у село пустили.

160. О гостима и о разбојницима:

Ако се где догоди којему било госту, или трговцу, или калуђеру, те му узме што разбојник или лопов, или која год сметња, да иду ти сви цару, да им плати цар, што буду изгубили, а цар да тражи кефалије и властелу, којима буде пут предан и страже предане. И сваки гост, и трговац, и Латинин да доходи првим стражама са свим што има и носи, да га провађају, и стража стражи да га предаје са свим; аколи се догоди, те што изгубе, да им је порота веродостојни људи, што рекну по души да су изгубили, с оним поротницима, то да им плате кефалије и страже.

161. О парничењу пред судом:

На суду који се суде парничари и који се парниче за своју ствар, и оптужени, зашто је окривљен, да није властан окривљени друге речи потворно говорити на тужитеља, ни за издајство, ни за какво дело осим да одговара. А када се сврши суд, ако што има, потом да говори с њим пред судијама царевим, а да му се не верује ни учем што говори, док се парница не сврши.

162. О приставима:

Пристави без писма судијина никамо да не иду, или без писма царства ми, осим куда их шаљу судије, да им пишу писма, и да не предузима пристав другога, осим што пише писмо, а судије да држе такођер какво су дали приставима, које су послали да исправљају по земљи, да ако буде од пристава измена, ако буду друго учинили него што пише писмо, или ако буду преписали писма на други начин, да иду пред судије да се оправдају, и ако се нађе да су свршили како стоји у судијину писму, које судије држе, да су прави, аколи се нађе да су преправили суд, да им се руке отсеку и језик одреже.

163. О судијама:

Све судије што суде да уписују судове и да држе код себе, а уписавши, друго писмо да га даду ономе, који се буде оправдао на суду. Судије да шаљу приставе добре, праве и веродостојне.

164. О пријему људи:

За људе: Ко буде чијега човека примио пре овога сабора, да се тражи првим судом, како пише у првом законику.

165. О потворницима:

Ако се нађе који било потворник и гони кога потвором, лажи и опадањем, такав да се казни као лопов и разбојник.

166. О пијаницама:

Пијаница откуда иде и изазива кога, или посече, или окрвави, а не досмрти, таковому пијаници, да му се око извади и рука отсече. Аколи пијан задере, или капу коме скине, или другу срамоту учини, а не окрвави, да га бију, да се удари штаповима сто пута, и да се вргне у тамницу, и потом да се изведе из тамнице, и да се опет бије и пусти.

167. О парничарима:

Парничари, који исходе на суд царства ми, коју реч буду говорили у првину, тима речима да се верује и по тим речирна да се суди, а по последњима ништа.

168. О златарима:

Златара у жупама по земљи царевој нигде да није, осим у трговима, где је поставио цар новац ковати.

169. О златарима:

Ако се наде златар у градии, кујући новац тајно, да се златар сажеже и град да плати глобу што рече цар. Ако се нађе у селу, да се то село распе, а златар да се сажеже.

170. О златарима:

И у градовима царевим да стоје златари, и да кују друге потребе.

171. О закону:

Још заповеди царство ми: Ако пише писмо царство ми, или из срџбе, или из љубави, или из милости за некога, а то писмо разара законик, није по правди и по закону, како пише законик, судије томе писму да не верују, него да суде и врше како је по правди.

172. О судијама:

Све судије да суде по законику, право, како пише у законику, а да не суде по страху од царства ми.

773. О подвођењу:

Властела и властеличићи, који долазе на двор царев, или Грк, или Немац, или Србин, или властелин и други који било, ако доведе са собом разбојника или лопова, да се онај господар казни као лопов и разбојник.

174. О баштинама:

Људи ратари, који имају своју баштину, земљу, и винограде, и купљенице, да су власни од својих винограда и од земље у прћију дати, или цркви подложити, или продати, али увек да има работника на томе месту ономе господару чије буде село, аколи не буде работника за оно место ономе господару чије буде село, да је властан узети оне винограде и њиве.

175. О судијама:

Који судија је у двору царства ми, и учини се зло, тима да се суди; аколи се нађу парничари случајно на двору царства ми, да им суди судија дворски, а дмги нико да се не позива на двор царства ми мимо област судија, које је поставило царство ми; само да иде свако пред свога судију.

176. О градовима:

Градови сви по земљи царства ми да су на закону о свему како су били у ранијих царева. А за судове, што имају међу собом, да се суде пред владалцима градским и пред црквеним клиром; а који жупљанин тужи грађанина, да га тужи пред владалцем градским, и пред црквом и пред клиром по закону.

177. О дворском суду:

Која властела стоје у кући царевој увек, ако их ко тужи. да их тужи пред судијом дворским, а други нико да им не суди.

178. О судијином писму:

Судије, куда шаљу пристave и писма своја, ако се ко оглуши и одбије пристава, да пишу судије писмо кефалијама и властели, у чијој буду области они непокорници, да сврше за то власти што пишу судије, ако не сврше власти да се казне као непокорници.

179. О судијама:

Судије да проходе по земљама, куда коме је област, да огледају и исправљају о убогим и сиротим.

180. О препознавању лица:

И ако ко што ухвати отето или крадено, баш лице (цорпус делицти), или силом узето, сваки о том да даде свод, ако ко буде купио где било, или у земљи царевој и у другој земљи, увек да даде о томе свод, аколи не да свода, да плаћа по закону.

181. О парничењу пред царем:

Заповест царска судијама: Ако се нађе велико дело, и не узмогну расудити ни решити, који било велики суд да буде, да иде од судија један с оном обојицом парничара пред цара; и што ће кому судити судије, сваку осуду да уписују, како не би било некоје потворе, да се решава по закону цареву.

182. О неовлаштеном позиву:

Које у области којих судија, сваки човек да није властан позивати на двор царев, или камо друго, его да иде сваки пред свога судију, у чијој буде области, да се расуди по закону.

183. О станику:

Станици цареви да иду пред судије, што имају суд међу собом: За вражду, за разбојника, за лопове, за пријем људи, за крв, за земљу.

184. О кефалијама:

Властела и кефалије цареве, који држе градове и тргове, нико од њих да не прими ничијега човека у тамницу без писма царева, аколи га ко прими против заповести цареве, да плати пет стотина перпера.

185. О тамници:

Тим истим начином, ко држи тамнице цареве, да никога не прими, ничијега човека, без заповести цареве.

186. О суду правом и кривом:

Судови, који се траже и за право и за криво, што се учинило пре овога закона, и што се сад учини, сваки суд, ко иде...

187.

Куда иде цар и царица, или станови, или коњи цареви, у ком селу преноће, потом ниједан станик да не преноћи у том селу, аколи се ко нађе и преноћи у том селу против закона и заповести цареве, онај који је старији пред становима да се даде свезан оном селу, што буде сатрвено, све да плати седмоструко.

188. О глобарима:

Глобари који стоје при судијама, што осуде судије и, уписавши, даду глобарима, те глобе да узимају глобари а што не осуде судије, и не даду, уписавши, глобарима, да нису власни глобари ништа додијавати никоме.

189. О коњима и псима:

Куда иду коњи, и пси и станови цареви, што им се пише у писму цареву, да им се то даде, а друго ништа. И псарима, и соколарима и свињарима, куда иду, да им се ништа не даје.

190. О жиру:

И ако у жупи жир роди, тога жира цару половина, а томе властелину чије је имање половина.

191.

И ако разбојник украде свиње цареве, да плати околина, аколи се украду свиње, да се суди свињар са жупом, па што рекне суд.

192. О правоме суду:

За три предмета — за издајство, за крв и за отмицу властелинке да иду пред цара.

193.

За свод коњски и друге марве, или чега било парница, што се отме или украде, томе да даде сводника, (аколи не даде), да плати свако седмоструко. Аколи рекне, купих у туђој земљи, да оправдају душевници од глобе. Аколи га неоправдају душевници да плати с глобом.

194. О глобарима црквених људи закон:

И глобе на црквене људе, што се суде пред црквом и кефалијама, и те глобе, што се осуде, да има све црква, како пише у хрисовуљима, те глобе да се узимају од црквених људи, како је поставио господин цар закон по земљи, и да се поставе црквени људи као глобари, који ће сабирати те глобе и давати цркви, а цар ни кефалије да не узимају ништа.

195.

И жене да не ноћивају у цркви, осим госпођа царица и краљица.

196. О постригу калуђера и калуђерице:

И без благослова епископа да се не пост037ижу ни људи ни жене. Сваком човеку закон цркрвени.

197.

Којем властелину дође да зимује човек, да даје травнине од сто кобила кобилу, од сто оваца овцу с јагњетом и до сто говеда говече.

198.

Доходак царски соће, и намет и харач да даје сваки човек: Кабао жита, половина чиста а половина припроста, или перпер у новцу, а рок томе житу да се усипа на Митров-дан, а други рок на Рођење Христово, аколи соћа властелин не да на те рокове, властелин тај да се свеже на царском двору и да се држи докле не плати двојином.

199.

И ако коњ липше у коме селу, а не буде га село убило ни одагнало, но умрло од Бога, да не плате ништа.

200.

И где се нађе човек у земљи, кому буде коњ умро, или вук изеде, или сам убио, а он приселицу узео за коња, и изнађе се истина, ако буде тако, да му плати господар, чији је човек, седам коња.

207.

Меропах, ако побегне куда од свога господара у другу земљу или цареву, где га нађе господар његов, да га осмуди и нос распори, и ујемчи да је опет његов, а друго ништа да му не узме.

БЕЛЕШКА

У напред наведеном тексту Душановог законика има речи, за које је потребно објаснити њихово значење, зато овде наводимо значење само оних, која смо по досадашњим тумачењима проверили.

Азимство — Причешћивање бесквасним хлебом.
Бабунска реч — Богумилска (јеретичка) реч.
Баштина — Наслеђе.
Баштиник — Наследник.
Година 6862 - Време од 1. ИХ. 1353. до 31. ВИИИ. 1354 Хрисовуља — Владарска повеља са златним печатом. Ексарх — Митрополитски изасланик — саветник.
Издава — Предавање таксе при предаји поседа.
Ипотес — Предмет ствар.
Јерес латинска — Римокатоличанство. Јеретик — Кривоверац — богумил и др. Кефалија — Поглавар града, места.
Киновија — Заједнички — скупни живот монаха у манастиру.
Котао — Вађење жељеза из кључале воде, ако би осумњичени остао неповређен доказао би невиност.
Крајишник — Чувар војне границе.
Ктитор — Оснивач — фундатор цркве или манастира.
Кудељница — Жена без имовине која живи од прераде и предења кудеље. Лице — Цорпус делицти.
Логотет — Високи државни функционер. Мехоскубина — Чупање браде. Меропах — Зависни ратар-земљорадник. Метохија — Црквено имање.
Милосник — Сведок при давању милости, можда и посредник за примљену милост и извршилац

43

добивене милости. Одлучити — Искључење — издвајање (еходус) из цркве.

Отмица властелинке — (Чл. 192) тумачи се као силовање.

Полуверац — Католик.

Подјемчивање — Поуздање — поуздати се.

Понос — Дужност преношења пратње — пртљага, цара, великодостојника и страних изасланика.

Потка — Казна за повреду међе — имања.

Престој — Казна због недоласка на суд. Примићур — Пастирски поглавица.

Пристав — Истражни орган (заступник судије).

Приселица — Право коначења, исхране и пратње цара, виших чиновника и страних изасланика.

Пронија — Уступљено имање или приход са обавезом војне службе.

Простагма — Владарска одлука, наредба.

Раса — Монашка одећа. Сана — Част.

Себар — Експлоатисани грађанин? Порекло речи себар ни до данас није довољно разјашњено и ако постоје

многобројна тумачења истакнутих научника као на пр. Даничића, Миклошића, Јиречека, Новаковића, В. Мажуранића, Тарановског и др.

Сила — Отмица.

Соколник — Судски гласник. Стањанин — Станодавац. Стас — Земљиште — имање.

Станик — Царев пастир, коњушар итд.

Свита — Златом извезена одећа или тканина. Велика Црква — Патријаршија а може и митрополија. Влах - Пастир.

Вражда — Глоба за убиство.

Удава — Самовласно хапшење — нарочито због дуга.

Узети силом — Отети — отмица — неки научници

сматрају да се под овим појмом подразумева силовање. Забела — Ограђена шума.